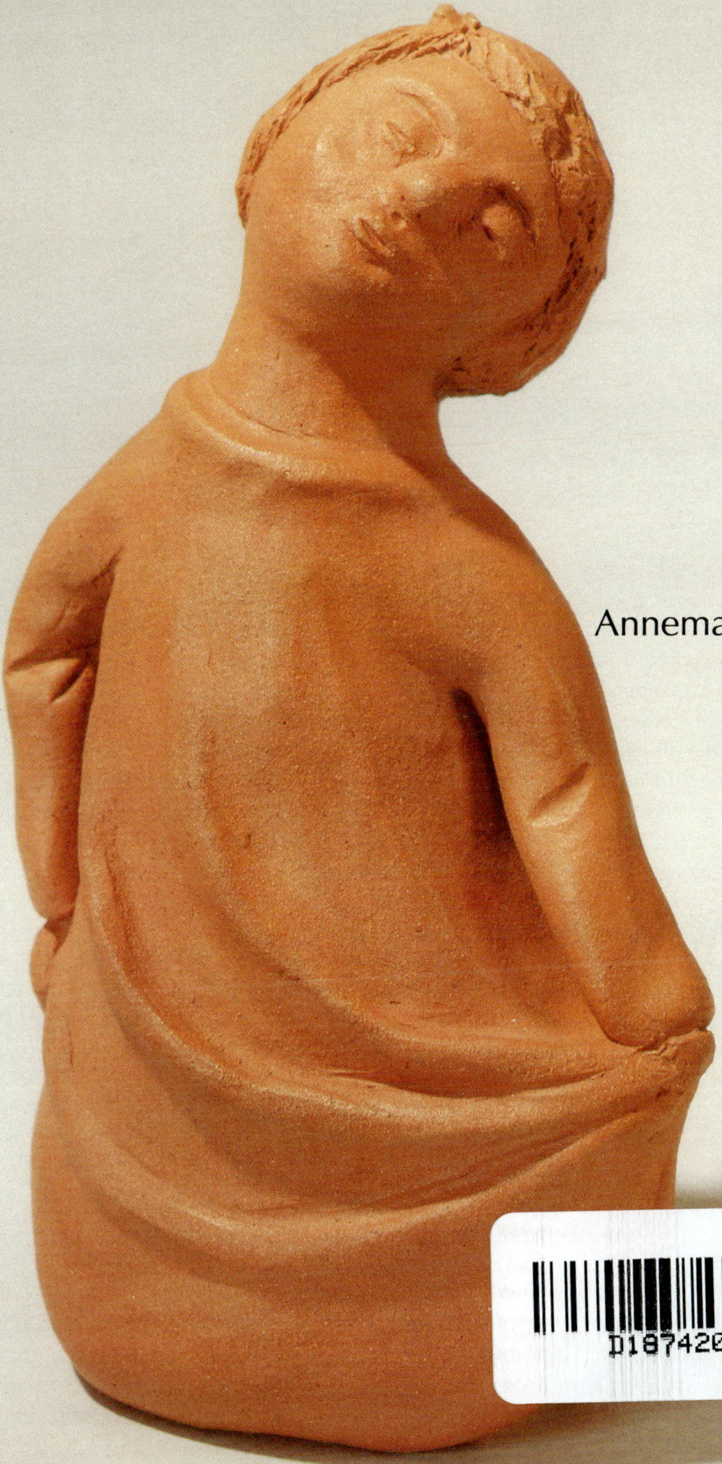

figürlich modellieren

Annemarie Schiller

art

Wer hat nicht schon einmal Lust verspürt, etwas zu modellieren. Kinder werden meist schon angeregt durch Kindergarten oder Schule, wo die ersten Modellierversuche gemacht werden. Bei dem großen Angebot von Modelliermassen sollten sich aber auch Erwachsene nicht scheuen, einen Versuch zu wagen.
Wenn die ersten Hemmungen überwunden sind, macht es ungeheuren Spaß, kleine Figürchen unter seinen Fingern entstehen zu lassen. Vielleicht finden gerade Sie durch diese Anleitung einen kreativen Ausgleich, der unseren gestreßten Nerven so gut tut.
Mit diesem Büchlein sollen jedem Interessierten Mittel und Wege aufgezeigt werden, vom kleinsten Schmuck, über einfache Gegenstände, bis zur menschlichen Figur, seine gestalterischen Fähigkeiten zu entwickeln. Es werden Anregungen gegeben für klein und groß.
Viele werden bereits in Kursen mit dem Material Ton in Berührung gekommen sein, doch wird dort in der Regel das Aufbauen von Gefäßen in der Wulst- und Plattentechnik erlernt. Darauf soll hier nicht eingegangen werden. Wir beschäftigen uns gleich mit dem Modellieren, wobei die erwähnten Techniken kurz gestreift werden.

Modelliermassen

In jedem Hobbymarkt oder Bastelgeschäft gibt es ein großes Angebot von verschiedenen Massen, mit denen fast alle Gegenstände modelliert werden können, die hier beschrieben werden.
Teilweise sind sie tonähnlich, bereits verarbeitungsfähig oder in Pulverform und müssen noch angerührt werden. In Plastikbeuteln verpackt, sind

sie meist sehr lange haltbar. Oft sind sie schon in verschiedenen Farben erhältlich oder sie können nach Beendigung der Trocknungszeit angemalt werden. Dazu muß man die entsprechenden Arbeitsanleitungen auf den Packungen beachten.
Hier wollen wir nicht auf die einzelnen Produkte eingehen, sondern vielmehr anhand der Modelliermasse Ton zeigen, wie und was man modellieren kann. Man muß natürlich dabei berücksichtigen, daß mit anderen Massen vielleicht anders verfahren werden muß.

Modellieren mit Ton

Ganz kurz wollen wir hier auf den Ton, seine Entstehung und seine Eigenschaften eingehen. Ton ist ein natürliches Material. Durch Verwitterung von Granit entstehen Lehme, Kaoline und Tone, die in zahlreichen Gebieten in mehr oder weniger verunreinigtem Zustand vorkommen. Wir wollen für unsere Zwecke aber nicht selbst auf Tonsuche gehen, obwohl das Aufbereiten sicherlich seine Reize haben kann. Wir wenden uns vielmehr gleich den gebrauchsfertigen, von Luft befreiten, gereinigten und mit Schamott versetzten Tonmassen zu. Ton ist ein Werkstoff, der leicht formbar ist, und sich für das figürliche Arbeiten sehr gut eignet. Allerdings muß man ihn brennen, wenn man seiner gestalterischen Arbeit Haltbarkeit verleihen will. Aber auch dieses Problem läßt sich heute überall lösen, da fast jede Schule einen Brennofen besitzt oder zahlreiche Töpferwerkstätten gegen Bezahlung solche Arbeiten übernehmen. Fast überall in Volkshochschulen und Bildungszentren sind Möglichkeiten zum Brennen, so daß jeder Interessierte eine Möglichkeit finden kann.

Arbeitsplatz – Material – Werkzeug

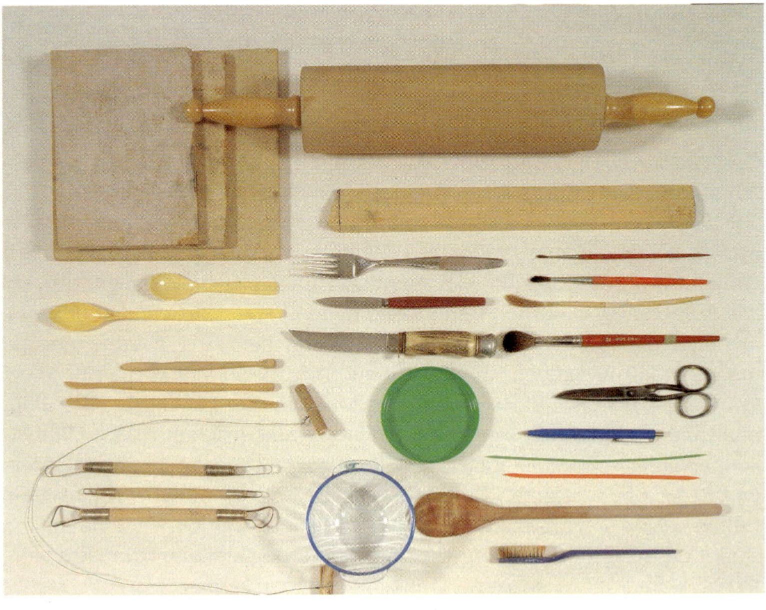

Der Ton Manche Firmen bieten bereits in Plastikbeuteln verpackte Stangen an. Viele Hobbyläden oder Töpfereien verkaufen Ton, auch in Ziegeleien kann man welchen holen.
Zum Ton selbst wäre zu sagen, daß es verschiedene Sorten gibt. Wir unterscheiden sie nach der Plastizität: *Fetter Ton* ist ein hochplastischer Ton mit speckig-glänzendem Aussehen. Er schwindet stark und eignet sich deshalb weniger zum Modellieren, höchstens für kleine und dünnwandige Gegenstände. *Magerer Ton:* Dieser Ton ist mehr oder weniger mit Schamott (gemahlenem Ton) oder Sand versetzt, hat deshalb von seiner Plastizität eingebüßt, eignet sich aber besser für unsere Arbeiten. Es gibt natürlich verschieden aufbereitete Tone, z.B. mit 10% bis 30% Schamottanteil. Dabei gibt es noch Unterschiede in der Körnung. Je grober die Schamottkörner, desto rauher ist nach dem Brand die Oberfläche. Das heißt also, je grober der Ton, um so weniger eignet er sich zum genauen und ins Detail gehenden Arbeiten.
Außerdem können wir den Ton noch nach seiner Farbe unterscheiden. Es gibt weiß-, braun-, rötlich- und schwarzbrennenden Ton. Diese Farbe muß jedoch nicht identisch sein mit der Farbe im ungebrannten und feuchten Zustand. So ist der schwarze Manganton im Naturzustand schwärzlich und brennt kaffeebraun bis schwarz, ein humusreicher Ton ist im ungebrannten Zustand ähnlich, nämlich dunkelgrau bis schwarz, brennt aber dann als heller Scherben. Ebenso ist die Farbe des rotbrennenden Tons im feuchten Zustand bräunlich-gelb.

Das Werkzeug Außer dem verarbeitungsfertigen Ton benötigen wir:

- Holzplatte als Arbeitsunterlage
- Holzbrettchen in verschiedenen Größen zum Arbeiten und Trocknen der Stücke
- Tonschneider, ersatzweise rostfreies Messer
- Drahtschlinge, ersatzweise Kaffeelöffel zum Aushöhlen
- wenigstens ein Modellierholz
- kleines Schälchen
- Plastiktüten und Tücher / Zeitungspapier
- Nudelholz

Ideen Wenn die bisherigen Voraussetzungen gegeben sind, dann brauchen wir nur noch Ideen. Lust und Freude sind sicherlich schon vorhanden. Vorerst wissen wir natürlich noch nicht so richtig, was wir mit unserem Ton auch wirklich machen können. Deshalb lernen wir nun Schritt für Schritt den Ton und unsere Ideen zu meistern, d.h. Material und Phantasie auf einen Nenner zu bringen. Auch wer keine Erfahrungen mit Ton hat, lernt hier fast spielerisch das Material kennen und eh er sich's versieht, sind schon die ersten figürlichen Gegenstände modelliert.

Erste Versuche: Schmuck

Wir beginnen mit dem Einfachsten. Hier können wir nichts falsch machen und lernen doch die Eigenschaften des Materials kennen.
Von unserem Tonblock schneiden wir mit dem Messer oder mit einem Draht (Tonschneider) ein kleines Handstück ab, nicht zuviel auf einmal, lieber öfter, und machen die Plastiktüte auch jedes Mal wieder ordentlich zu, damit der Ton feucht bleibt. Arbeiten wir in einem warmen Raum, nehmen wir auch gleich ein paar feuchte Tücher und decken den abgeschnittenen Ton ab, damit er während dem Arbeiten nicht austrocknet, denn zum Modellieren muß er schön geschmeidig bleiben. Sollte er doch einmal zu rasch trocken geworden sein (das merken wir, wenn er sich nicht mehr gut formen läßt), dann wickeln wir ihn in feuchte Tücher und Plastiktüten ein. Je nach Trockenheit und Menge ist er innerhalb weniger Minuten oder nach Stunden wieder zum Arbeiten geeignet. Das können wir natürlich auch mit einer ganzen Stange machen, wenn diese mal nicht ordentlich verschlossen war.
Inzwischen haben wir ein Holzbrettchen bereit gelegt und geben darauf ein doppeltes Stück Zeitungspapier. Das ist dann von Vorteil, wenn wir später das Brettchen wieder benötigen. Haben wir ein Zeitungspapier darunter, können wir das Brettchen jederzeit wegnehmen.
Für unseren Schmuck formen wir größere und kleinere Kugeln und Plättchen, rollen Würstchen auf dem Tisch und drehen damit Spiralen, Ringe, Tropfen usw. Wir können auch einen Tonklumpen mit einem Nudelholz bis zu etwa 1 cm dick auswellen und dann mit dem Messer kleine Formen ausschneiden, wie z. B. Schmetterlinge, Schnecken usw. Den Rand glätten wir mit dem feuchten Finger. Will man auf die Plättchen noch Verzierungen anbringen, so kann man dies mit einem Modellierholz, Messer, Fingernagel usw. tun, indem man Ornamente einritzt oder eindrückt. Man kann aber auch aus Ton Kügelchen, Plättchen usw. aufsetzen. Dazu braucht man ein bißchen Schlicker. Das ist stark angefeuchteter Ton, den wir in einem Schälchen anrühren, bis er sich wie Brei auftragen läßt. Von diesem Brei wird mit dem Modellierholz oder mit dem Finger auf beide Stellen, die man zusammenbringen will, aufgetragen und dann gut zusammen-

gedrückt. Man kann auch anschließend ritzen oder verzieren. Der Phantasie sind dabei keine Grenzen gesetzt.
Solange der Ton noch feucht ist, müssen wir an unseren Schmuckstücken noch einen Aufhänger anbringen. Dazu kann man mit einer Stricknadel oder einem Nagel ein Loch in den Ton bohren, man kann aber auch einen Aufhänger ansetzen. Dazu nehmen wir wieder ein Tonkügelchen, das wir in der Hand oder auf dem Tisch ausrollen, mit einem feuchten Finger biegen und wieder mit Schlicker auf das Schmuckstück aufsetzen und gut andrücken. Die Ränder werden mit dem Modellierholz etwas glattgestrichen. Die ersten Versuche sind jetzt geschafft. Wir schieben das Brettchen mit den verschiedenen Anhängern beiseite und lassen sie trocknen. Vorsichtshalber decken wir sie mit einem Tuch zu, damit sie nicht zu schnell trocknen. Das ist bei diesen kleinen Gegenständen und im kühlen Raum weniger von Bedeutung, aber dafür bei großen Gegenständen unentbehrlich. Damit wir uns das aber gleich merken, machen wir es auch mit dem Schmuck so.

Schlangen,
nichts als Schlangen

Wir gehen jetzt einen Schritt weiter und versuchen das erste Tier, eine Schlange.
Wir rollen mit beiden Händen auf unserer Platte eine 20 bis 30 cm lange Wulst aus, Durchmesser etwa 1 cm. Eine Hälfte verdünnen wir für das Schwanzende. Die Kopfseite nehmen wir in die Hand, heben sie etwas vom Tisch ab und drehen die Wulst im Kreise, bis die Schlange zusammengerollt ist. Das Kopfstück glätten wir mit einem feuchten Finger. Mit einem spitzen Gegenstand drücken wir zwei Augen ein und machen einen Strich für das Maul.
Hat das beim ersten Mal gleich geklappt? Schön. Verzweifeln Sie aber nicht, wenn es nicht auf Anhieb ging. Es gibt da verschiedenes zu beachten. Je fetter der Ton, um so besser gelang dieser Versuch. Ist der Ton stark schamottiert, bestehen schon mehr Schwierigkeiten. Vielleicht muß er feuchter sein, oder Sie haben ihn zu dünn oder auch zu dick ausgerollt. Wenn die Wulst nicht ganz gebrochen ist, nur Risse zeigt, dann kann man diese Risse mit dem feuchten Finger noch ausbessern, so daß das Tier doch noch als gelungen bezeichnet werden kann.

Lustige Figürchen

Wülste drehen und biegen können wir nun schon. Mit dieser Technik machen wir unsere ersten Männchen.
Wir drehen wiederum eine mindestens 10 cm lange Wulst, diesmal aber dicker, jedoch nicht mehr als 2 cm. Hier erreichen wir wieder eine Grenze beim Arbeiten mit Ton. Wir haben vorhin bei der Schlange die Erkenntnis gewonnen, daß man den Ton nicht einfach biegen kann, wie man das vielleicht vorhatte, wir können aber auch nicht einfach so dick arbeiten, wie wir uns das vielleicht vorstellen. Der Ton hat Gesetze, die wir kennen und beachten müssen. Ist zu dick gearbeitet worden, gibt es Risse beim Trocknen, oder es hat sich eine Luftblase im Ton gebildet, die dann das ganze Stück beim Brennen sprengt.

Nochmals zur Erinnerung: je mehr Schamott im Ton, um so dicker kann man arbeiten. Die Tonwulst ist ausgerollt. Wir können sie auch noch etwas mit der Faust in die Breite schlagen, schneiden dann die Enden mit einem Messer ab und teilen die Wulst ebenfalls mit dem Messer längsseits bis fast zur Mitte in 2 gleiche Teile; so entstehen Beine und Rumpf unseres Männchens. Wir biegen den Körper um und spreizen die Beinchen auseinander. Jetzt sitzt er schon. Zwei kleinere dünnere Wülste rollen wir für die Arme aus, für den Kopf brauchen wir eine Kugel. Kleinere Kügelchen geben Hände und Füße. Beim Schmuck haben wir das Arbeiten mit Tonschlicker kennengelernt. Davon verwenden wir jetzt wieder, um die einzelnen Teile vorsichtig anzusetzen. Fürs erste ist es am besten, wenn die Arme nicht allzuweit vom Rumpf abstehen, sondern mit dem Körper fest verbunden werden oder auf den Beinchen ruhen, damit sie einen Halt haben und sich nicht plötzlich selbständig machen und abfallen. Wollen wir nicht, daß man die Ansatzstellen sieht, dann kann man mit kleineren Tonstückchen, Modellierholz und Finger diese Stellen überarbeiten. Augen, Nasen und Mund werden mit einem spitzen Gegenstand eingedrückt. Haare oder ein Hut auf dem Kopf können ebenfalls reizvoll sein. Soll das Figürchen als Serviettenhalter Verwendung finden, müssen die Arme so gestaltet sein, daß die Serviette darin Halt findet.

Kleine Tierchen

Kinder haben Spaß daran, einen ganzen Zoo mit kleinen Tieren zu modellieren. Aber auch ein paar einzelne Tierchen auf einem Regal oder im Setzkasten machen selbst Erwachsenen Spaß, und wenn sie dann aus der eigenen Phantasie entstanden sind, dann hat man doppelt soviel Freude daran. Dazu eignen sich besonders die neben abgebildeten Tierchen. Wir müssen dabei nur darauf achten, daß sie nicht zu dick werden, denn vorerst dürfen wir nur klein arbeiten. Bei dieser Art des Modellierens versuchen wir die Grundform im ganzen zu erstellen, setzen an, wo noch etwas fehlt, nehmen weg, wo wir zu großzügig waren. Dabei verstreichen wir die Stellen immer wieder mit unseren Fingern. Bekommt der Igel Stacheln oder der Vogel Flügel, dann setzen wir diese mit Schlicker an. Wir wollen aber sehr zurückhaltend mit abstehenden Teilen sein, da hier die Gefahr des Abbrechens sehr groß ist. Ein Igel kann z. B. auch sehr reizvoll wirken, wenn die Stacheln mit einem spitzen Gegenstand durch Eindrücken angedeutet sind. Soll ein Tier auf Füßen stehen, müssen diese recht stabil und kräftig sein, da sonst die ganze Figur zusammenfällt.

Schachfiguren

Hier an dieser Stelle seien auch die Schachfiguren erwähnt, die auf diese einfache Weise ohne Schwierigkeiten modelliert werden können. Verwendet man dazu schwarz- und weißbrennenden Ton, dann ist es gar nicht notwendig, durch Glasieren die Partner zu unterscheiden.
Wir modellieren in doppelter Ausfertigung eine Dame und einen König, zwei Läufer, zwei Springer, zwei Türme und acht Bauern. Sind die Figuren klein, brauchen sie nicht ausgehöhlt zu werden. Wir müssen dabei aber auch berücksichtigen, daß sie auf unser Schachbrett größenmäßig passen. Falls wir ein solches nicht besitzen, können wir es selbst herstellen. Wir schneiden aus zwei ausgewellten Tonplatten je 32 gleich große Quadrate aus. Damit sie sich nicht wölben, beschweren wir sie mit einem Holzbrett, bis sie trocken sind. Nach dem Brennen fügen wir die einzelnen Plättchen, abwechselnd in der Farbe, in einen Holzrahmen ein und schmieren die Fugen mit Zement aus.

Ascher
und Konfektfresser

Verschiedene Gegenstände des täglichen Bedarfs lassen sich mit etwas Überlegung ganz einfach modellieren. Sie können ihre Partygäste mit einem Frosch als Aschenbecher überraschen oder die Nüsse und Konfekt in einem Frosch oder Fisch servieren. Wieviel Freude werden Sie erst mit einem solchen Geschenk bereiten. Dabei ist es ganz einfach. Wir formen aus einem Tonklumpen eine Kugel, mindestens faustgroß. Diese halbiert man mit einem Messer oder mit dem Schneidedraht. Eine Hälfte halten wir feucht, die andere nehmen wir in die eine Hand und umschließen mit dieser die halbe Tonkugel. Mit der anderen Hand arbeiten wir gleichmäßig unter Druck von der Mitte her die volle Hälfte zu einer Schale aus. Dazu drehen wir diese immer wieder in der Hand. Anfangs ist es etwas schwierig, den richtigen Druck zu finden, damit die Außenwandung keinen Schaden erleidet und eine relativ gleichmäßige Wandstärke entsteht. Dasselbe geschieht mit der anderen Hälfte. Dann schneiden wir bei beiden Schalen die Ränder gleichmäßig ab, bestreichen beide Hälften mit Schlikker – soweit wie wir sie geschlossen haben wollen –, drücken gut an und glätten die Ränder mit einem Modellierholz oder mit dem Finger. Hier müssen wir auch innen schön glätten. Jetzt legen wir den Hohlkörper auf ein Holzbrettchen, drücken das untere Teil ein bißchen gerade, damit es eine Standfläche bekommt und versuchen nun das Maul zu formen. Wollen wir an der Form noch etwas verändern, müssen wir immer mit einer Hand von innen stützen und mit der anderen den entsprechenden Druck ausüben. Gefällt die Oberfläche nicht, so können wir mit den Fingern glattstreichen, was allerdings sehr vorsichtig geschehen muß, damit nicht der gesamte Bauch zusammenfällt. Augen, Schwanz usw. setzen wir wie gewohnt an.

Größere Tiere

Jetzt modellieren wir für unseren Zoo noch etwas größere Tiere. Diese werden hohl aufgebaut, ähnlich wie bei der vorhergehenden Übung. Dadurch sind uns in der Auswahl und Größe der Tiere nicht mehr so viele Beschränkungen auferlegt, da wir in dieser Technik auch Figuren mit dickem Körper berücksichtigen können. Wir sind damit in der Lage, fast jedes Tier zu modellieren.

Hier an dieser Stelle sei nochmals ganz besonders darauf hingewiesen, daß alle angesetzten Teile kritisch beim Brennen sind. Deshalb sollten wir dabei besondere Sorgfalt walten lassen. Wir müssen gut andrücken und die Ansatzstellen sorgfältig verstreichen, damit keine Lufteinschlüsse entstehen, denn diese würden das Teil beim Brennen absprengen. Sind größere Teile anzusetzen, ritzen wir mit einer Gabel die zusammenzusetzenden Stellen an, bestreichen diese mit Schlicker und verfahren wie bisher.

Nun wieder zu unseren Tieren. Wie zuvor drehen wir eine Kugel in unserer Hand. Dabei berücksichtigen wir schon, ob wir eine längliche oder runde Form für das Tier brauchen. Dann schneiden wir den Körper auseinander und formen jeweils eine Schale aus den Hälften. Beide setzen wir zusammen und verstreichen die Ränder. Unebenheiten auf der Oberfläche gleichen wir ebenfalls aus. Wir drücken die hohle Form auf ein Holzbrettchen mit Zeitungsunterlage, damit der Körper eine Standfläche hat. Dann drücken wir mit einer Stricknadel oder einem Pinselstiel ein Loch in den Boden. Dies geschieht, damit die Luft von innen entweichen kann. Jetzt können wir unseren Tierkörper durch Drücken und Ansetzen in die gewünschte Form bringen. Wir müssen allerdings darauf achten, daß beim Ansetzen von Körperteilen die Wandstärken nicht übermäßig vergrößert werden, da uns das sonst Schwierigkeiten beim Brennen macht.

Die einzelnen Arbeitsschritte bei hohlen Formen

1	4	7
2	5	8
3	6	9

Einige Beispiele für größere Tiere

Sparköpfe und Sparschwein

Das Aufbauen einer hohlen Form kennen wir inzwischen. Für unsere Sparköpfe verwenden wir mindestens eine faustgroße Kugel. Diesmal kommt jedoch kein Loch in den Boden, da wir ja oben einen Schlitz anbringen. Bei diesen Köpfen sei der Phantasie keine Grenze gesetzt, die Hauptsache ist, der Kopf wird lustig. Ist der Kopf fertig modelliert, stellen wir ihn erst einmal abgedeckt zur Seite und lassen ihn etwa einen Tag trocknen. Dann nehmen wir ihn wieder zur Hand und schneiden ganz vorsichtig oben mit einem scharfen, spitzen Messer einen Schlitz heraus. Dabei achten wir darauf, daß der ausgeschnittene Ton nicht nach innen fällt, da wir ihn sonst vielleicht nicht mehr herausbringen. Nach derselben Methode können natürlich auch Tiere als Sparbüchse modelliert werden, z. B. eine Schnecke mit Haus.
Etwas komplizierter wird das Sparschwein. Wollen wir dafür einen noch größeren Körper verwenden, wird es schwierig, mit der vorhergehenden Technik fertig zu werden. Deshalb wollen wir eine andere Methode kennenlernen, damit wir auch noch größere Figuren hohl aufbauen können. Das Formen der Kugel bleibt. Nun schneiden wir diese wiederum in 2 Teile. Dann höhlen wir beide Teile mit einer Schlinge oder einem Teelöffel aus, bis die Wandstärke etwa 1 cm beträgt. Mit Schlicker werden beide Teile wieder zusammengesetzt und jetzt kann es wie bisher weiter gehen. Schnauze, Ohren, Schwänzchen werden mit Schlicker anmodelliert und zum Schluß setzen wir kräftige, kurze Beinchen dran. Das Sparschwein

ruht wieder einen Tag, damit genügend Festigkeit zum Schneiden des Schlitzes und auf der Bauchseite einer runden Öffnung besteht. Diese Öffnung schließen wir später mit einem Korken. So kann das Schwein jederzeit seines Inhalts beraubt werden, z.B. um Ton zu kaufen für ein neues Sparschwein als Geschenk.
Hier muß einmal ein Wort zur Schwindung des Tones gesagt werden. Beim Trocknen verliert der Ton an Wasser und beim Brennen, je nach Temperatur, wird ihm vollends alle Feuchtigkeit entzogen. Das bedeutet, daß das modellierte Stück an Volumen abnimmt. Wenn wir also beim Sparschwein einen Schlitz oder eine Bodenöffnung einschneiden, die genau der Größe eines 5-Mark-Stückes entspricht, dann müssen wir nach dem Brand feststellen, daß das Geld nicht hineingeht, weil der Schlitz inzwischen kleiner geworden ist. Also dürfen wir nicht vergessen, bei derartigen Gegenständen die Schwindung des Tones mit zu berücksichtigen. Diese beträgt je nach Sorte zwischen 10 und 20%.
An dieser Stelle sei noch eine weitere Möglichkeit aufgezeigt, wie ein großes Tier, z.B. das Sparschwein, ausgehöhlt werden kann. Wir modellieren es ganz fertig, ohne daß der Bauch hohl ist. Nach etwa einem Tag Trocknungszeit schneiden wir es mit einem Draht durch und höhlen es von beiden Seiten aus. Mit Schlicker wird es wieder zusammengesetzt und beim Verstreichen darauf geachtet, daß diese Schnittfläche nicht mehr zu erkennen ist.

Schalen und Gegenstände für den täglichen Gebrauch

So wie wir vorher immer zwei Schalen aus einer Kugel gemacht haben, modellieren wir aus der vollen Kugel nur eine Hälfte und legen die andere beiseite, um sie später zu verwenden. Wir sind ja in der Lage, in dieser Technik kleine und größere Schälchen sehr korrekt mit gleichmäßiger Wandstärke herzustellen. Der Rand wird mit den Fingern oder dem Messer korrigiert. Zur Verschönerung können auch noch Muster eingeritzt oder eingedrückt werden. Aber als besonderen Pfiff sollen diese Schälchen nicht nur ihren Zweck erfüllen, sondern dekorativ figürlich modelliert werden. Für Eierbecher kann man einen Hahnen-, Enten- oder Vogelkopf ansetzen. Flügel oder Schwänze passen dazu ebenfalls. Man kann nach diesem Prinzip Schälchen für Konfekt, Erdnüsse, Salzletten und sonstiges Gebäck herstellen; ebenfalls Blumen- oder Obstschalen.
Überschreitet jedoch der angesetzte figürliche Teil die äußerst zulässige Dicke, dann muß dieses Stück von unten mit einer Modellierschlinge ein bißchen ausgehöhlt werden. Das geschieht nach einem Tag Ruhezeit – und dann sehr vorsichtig.

Soll der Schalendurchmesser nun etwas größer als unsere Handfläche werden (z. B. bei einer Blumenschale), so wird es mit der obigen Technik recht beschwerlich. Man kann aber auch mit einem Wellholz eine größere Tonplatte ausrollen. Dazu legt man auf den Tisch ein Stück Zeitungspapier, damit der Ton nicht auf der Platte festklebt. Der Ton wird während des Auswellvorganges zwei- bis dreimal gewendet, da sonst das Zeitungspapier reißt, da es ja nicht mit der Tonplatte mitwachsen kann. Ist die gewünschte Größe erreicht, schneidet man mit einem Messer die Form aus. In der Regel wird es ein Kreis sein, den man durch Nachfahren eines Tellers erreicht. Diese Platte legt man in oder über einen Teller oder flache Schüssel.

Zwischen Schüssel und Tonplatte muß allerdings wieder Zeitungspapier, damit sich die Schale nachher problemlos von der Form löst. Nach einem meist mehrstündigen Trocknungsvorgang löst man die Schale vorsichtig von Schüssel und Papier und stellt sie auf das Modellierbrett. Nun kann man – indem man gut schlickert – die gewünschte Figur anmodellieren. Wenn die gewünschte Schale noch einen größeren Rand bekommen soll, dann kann man auf die ausgewellte Platte auch noch Wülste aufsetzen und diese innen und außen verstreichen.
Mit den hier beschriebenen Techniken können außerdem sehr dekorative Schälchen als gemütliche Tischbeleuchtung gefertigt werden, wenn man sie mit Wachs füllt. Wachs, Färbemittel und Docht bekommt man in jedem Bastelgeschäft. Das Wachs wird im Wasserbad erwärmt, gefärbt und in das bereits gebrannte Schälchen gegossen. Den Docht drückt man in die Mitte hinein. In kurzer Zeit ist das Wachs hart.

Gegenstände, die man nicht glasieren will, und die in ihrem Aufbau nicht zu kompliziert gearbeitet sind, können nach dem Trocknen mit Schmirgelpapier bearbeitet werden und erhalten dadurch ein besonders robustes Aussehen. Dazu nimmt man den Gegenstand möglichst ins Freie, da es eine sehr staubige Angelegenheit ist. Man reibt ihn gleichmäßig mit feinem oder grobem Schmirgelpapier ab. Dadurch treten die Schamottkörner noch mehr in den Vordergrund und ergeben eine grob-strukturierte Oberfläche.

Blumenhalter

In der anfangs erwähnten Plattentechnik können wir durch Auswellen einer Platte reizvolle Gefäße zum Einpflanzen von Blumen als Wandschmuck machen. Dazu müssen wir eine große Tonplatte in etwa 1 cm Dicke ausrollen. Die gewünschte Form, wie hier z. B. eine Eule, schneiden wir aus der Platte aus. Einzelteile wie Schnabel, Augen usw. setzt man auf. Das Blumengefäß wird ebenfalls aus Platten zusammengesetzt. Damit es aber nicht in sich zusammenfällt, muß es einige Stunden getrocknet haben. Dann kann es mit Schlicker an der gewünschten Stelle aufgesetzt werden. Zum Aufhängen des Blumenhalters werden ein oder zwei Löcher eingedrückt oder Aufhänger von hinten mit einem Zweikomponentenkleber (z. B. mit Stabilit) angesetzt.
Dieser Wandschmuck eignet sich auch ganz besonders für Trockenblumen.

Die menschliche Figur

Bevor wir uns an komplizierte Figuren wagen, können wir es auch erst einmal mit kleinen abstrahierten Figürchen versuchen, die in der Platten- und Aufsetztechnik ganz einfach zu machen sind.

Zur Fertigung von menschlichen Kleinplastiken wollen wir zwei Möglichkeiten des Aufbauens kennenlernen, einmal mit der Plattentechnik und zum anderen in der Aufsetztechnik. Dazu ist es ratsam, sich vorher genau zu überlegen, wie wir uns die Plastik fertig vorstellen. Wir machen eine kleine Skizze. Dabei müssen wir darauf achten, daß die Figur einen festen Stand haben muß. Wir lassen uns also anfangs nicht durch Füße und starke Bewegungen in der Form verwirren, sondern arbeiten ganz einfach.
Für die Plattentechnik ist es vorteilhaft, wenn man die ganze Figur erst einmal in eine Schablone aufteilt und diese aus Papier ausschneidet. Auf einem Stück Zeitungspapier wird dann ein großer Klumpen Ton mit dem Nudelholz ausgerollt. Ist der Ton etwa 0,5 bis 1,0 cm in der Dicke, legen wir die Schablone auf den Ton und schneiden das Muster mit dem Messer aus. Das große Körperteil wird dann als erstes zu einem Kegel mit abgeschnittener Spitze zusammengedreht. Das muß natürlich sehr vorsichtig geschehen. Das Zeitungspapier wird dabei entfernt.
Das Tonstück wird geschmeidig gehalten. Sollten sich kleine Risse zeigen, werden diese immer gleich vorsichtig mit dem feuchten Finger glattgestrichen. Hat man den unteren Körperteil schön rund gebogen, werden die beiden Schenkelseiten mit Schlicker bestrichen und zusammengedrückt. Der Hals wird nach dem gleichen Prinzip zusammengerollt und dann auf den Körper aufgesetzt. Dann werden die Arme aus Tonwülsten an den Körper angesetzt. Dabei wird die Tonrolle am oberen Ende schräg abgeschnitten. In unserem Beispiel wurde noch eine Stola über den Körper samt Arme gelegt. Zum Schluß wird der Kopf angearbeitet. Dafür wird ein Tonklumpen zu einer Kugel geformt. Man höhlt diese entweder mit der Drahtschlinge aus oder drückt mit einem Finger ein größeres Loch hinein. Die Einzelteile, die zusammengefügt werden, müssen mit Schlicker verstrichen und gut zusammengedrückt werden. Die Ansatzstellen werden mit einem Modellierholz glattgestrichen.
Dem Kopf können wir je nach Geschmack ein bißchen mehr Aufmerksamkeit widmen. Wir setzen Augen, Nase und Mund auf oder drücken Augen und Mund mit einem Modellierholz ein. Vielleicht geben wir unserer Figur eine Haartracht, ganz nach unserem Geschmack. Und wie wir auf der nächsten Abbildung sehen, können wir ihr auch einen Hut aufsetzen. Wir müssen dabei aber immer darauf achten, daß während dem Arbeiten der Ton nicht zu trocken wird. Außerdem darf mit dem Aufsetzen von Teilen keine Luft mit eingeschlossen werden.
Das fertig gearbeitete Stück wird dann, wie bereits früher beschrieben, zum Trocknen beiseite gestellt.

Arbeitsschritte für die Plattentechnik

1	4	7
2	5	8
3	6	9

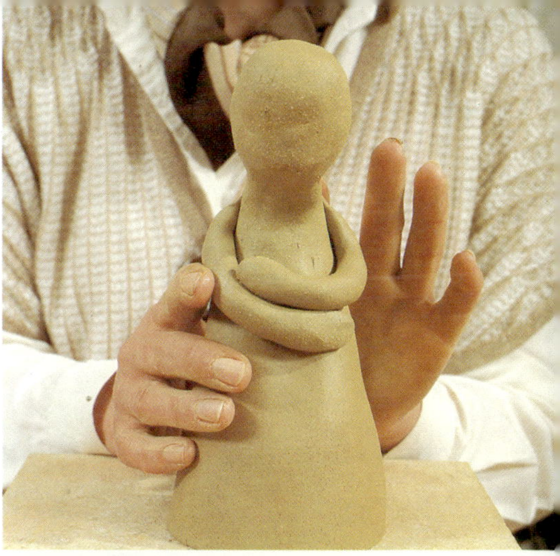

Vielleicht wirkt die eben beschriebene Plattentechnik dem einen oder anderen zu steif oder man möchte dem Ton durch Druck seiner Finger mehr Ausdruck verleihen und seiner Phantasie mehr Bewegungsfreiheit lassen. Darum wollen wir nun noch eine andere Möglichkeit des Modellierens, nämlich die Aufsetztechnik, kennenlernen. Auch dazu ist eine kleine Skizze vorteilhaft.
Wir nehmen einen Klumpen Ton, bringen ihn in die gewünschte Größe, die wir uns als Standfläche ausgedacht haben. Jetzt können wir durch Ansetzen von Ton die Figur wachsen lassen. Dabei müssen wir aber schon von Anfang an die endgültige Größe berücksichtigen. Wir sollten für den Anfang nicht zu groß arbeiten, da wir zum Schluß die Figur noch aushöhlen müssen und für diesen Zweck muß berücksichtig werden, daß ein grobschamottierter Ton doch ein beachtliches Gewicht hat und wir die Figur zum Aushöhlen eine ganze Weile in einer Hand halten müssen. Deshalb sollten Kinder anfangs erst mal bis ca. 15 cm, Erwachsene bis ca. 25 cm gehen.
Beim Ansetzen von Ton muß darauf geachtet werden, daß er sich gut mit dem bereits vorhandenen Tonstück verbindet und keine Luftlöcher entstehen. Nach außen wird der Ton gut verstrichen. Ist das Stück irgendwo aus der Form geraten, kann man auch mit dem Messer oder Schaber wieder einen Teil des Tones abnehmen. Man muß beim Arbeiten aber immer die Schwierigkeit des Aushöhlens vor Augen haben. Deshalb ist es am einfachsten, gerade Formen aufzubauen, denn Ausbuchtungen können sehr schlecht ausgehöhlt werden. Der Ton läßt sich zwar sehr viel gefallen, man darf aber nicht vergessen, daß die Wandungen keine allzugroßen Dickenunterschiede vertragen, sonst gibt es Risse beim Brennen.
Haben wir den Rumpf der Figur in die gewünschte Größe und Form gebracht, müssen wir von oben her ein Stückchen aushöhlen, da wir später durch den Hals nicht mehr mit unserer Modellierschlinge in den Kopf kommen. Den Hals setzen wir dann hohl auf und modellieren den Kopf. Dieser entsteht aus einer ausgehöhlten Kugel. Die Ansatzstellen müssen gut bearbeitet sein, wie wir das früher schon gelernt haben. Am besten, wir lassen die Figur jetzt eine halbe Stunde ruhen, damit wir bei der Feinarbeit den Kopf nicht durch eine zu robuste Bearbeitung vom Rumpf oder Hals trennen. Jetzt kann die Figur ein bißchen antrocknen. Wir müssen aber trotzdem darauf achten, daß der Ton nicht zu stark trocknet, sonst halten die später angesetzten Teile nicht mehr. Die Feinarbeiten an Gesicht und Haaren werden mit Modellierholz und Fingern gemacht, aber mit Gefühl, nicht daß wir den hohlen Kopf deformieren.
Ist die Figur zu unserer Zufriedenheit ausgefallen, und sehen wir die Arbeit als beendet an, so lassen wir sie ein oder zwei Tage ruhen, am besten mit Tüchern oder einer Plastiktüte bedeckt, an einem Ort, der eine gleichbleibende Temperatur gewährleistet. Hat der Trocknungsprozeß begonnen

und das Material ist nicht mehr feucht, dann nehmen wir die Plastik vorsichtig vom Holzbrett weg und legen sie zum Aushöhlen in die eine Hand, so, daß sie nicht das Übergewicht bekommt und höhlen nun mit der Modellierschlinge in der anderen Hand vorsichtig unsere Figur von unten her aus. Dazu legen wir von Zeit zu Zeit die Schlinge weg und überprüfen mit einer Hand die Wandstärke. Wir höhlen so lange aus, bis wir die Verbindung zum Hals freigelegt haben und die Plastik überall eine relativ gleichmäßige Wandstärke hat.

Zum Schluß glätten wir die Innenseite mit dem Modellierholz, prüfen ob die Standfläche nicht an Ebenheit verloren hat, und stellen die Figur wieder zum Trocknen auf das Holzbrett zurück. Da bleibt sie nun etwa 14 Tage bis 3 Wochen stehen. Dabei prüfen wir in den ersten Tagen immer wieder, ob sich evtl. Risse gebildet haben, die wir im Anfangsstadium mit einem Modellierholz noch verstreichen können. Ist die Figur zu stark angetrocknet, gibt es dafür natürlich keine Korrektur mehr. Deshalb ist es wichtig, langsam und sorgfältig zu arbeiten. Kritische Stellen sind immer die angesetzten Teile wie Arme und Kopf oder ungleichmäßige Wandungen. Nach etwa 5 Tagen kann man die Tücher entfernen und das Werk so trocknen lassen.

Wollen wir mit dem Modellieren noch einen Schritt weiter gehen, so können wir auch ganze Gruppen von Personen nach diesem System aufbauen. Dabei bereitet nur das Aushöhlen Schwierigkeiten, da wir komplizierte Formen nicht mehr in die Hand nehmen können. Hier erinnern wir uns wieder an das Sparschwein, das auch schon nach dem Modellieren zum Aushöhlen wieder getrennt wurde. So können wir es auch mit einer Gruppe machen. Erst wird der ganze Modelliervorgang abgeschlossen und dann zerlegen wir das Werk in günstige „Portionen", die wir dann einzeln aushöhlen und wieder mit Schlicker und Modellierholz zusammensetzen.

Um dieses Problem elegant zu umgehen, können wir die Gruppe von Personen einzeln modellieren und auf eine Tonplatte aufmontieren.

Auf den nächsten Seiten:

Arbeitsschritte für die voll aufgebaute Figur

1	*4*	*7*	*10*
2	*5*	*8*	*11*
3	*6*	*9*	*12*

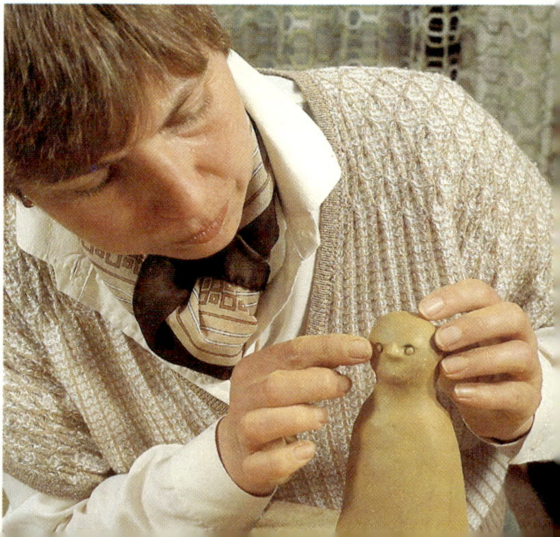

Leuchterfrau und Lampe

Zum Schluß sei hier noch beschrieben, wie man mit einer menschlichen Figur einen Gebrauchsgegenstand arbeiten kann, eine Leuchterfrau oder eine Lampe.
Der Modelliervorgang ist klar. Wir verwenden dazu eine der Techniken, die wir gelernt haben.
Die Leuchterfrau wird nach dem vollen Aufbauen von unten ausgehöhlt. Schwierigkeiten bereiten nur die abstehenden Arme, welche später die Kerzen aufnehmen müssen. Die Arme werden nach dem Modellieren mit einem Tonklumpen von unten gestützt, da sie sonst im feuchten Zustand den Halt verlieren und nach unten absacken würden. Man darf nur den Zeitpunkt nicht verpassen, diesen Klumpen noch rechtzeitig vor dem Trocknen wieder abzuschneiden; etwa nach einem Tag.
Man kann aber auch nur eine Kerze im Kopf der Leuchterfrau anbringen und die Arme an den Körper anfügen. Dann entfällt dieses Problem.
Der Lampenkörper wurde von Anfang an hohl aufgebaut, wie das bei den größeren Tieren beschrieben wurde. Arme und Beine sind anmodelliert und mit dem Laternenpfahl fest verbunden. Man kann aber auch jede andere Figur als Lampenfuß verwenden, nur muß man dabei berücksichtigen, daß die Figur so gestaltet werden muß, daß die Möglichkeit besteht, den Lampenschirm mit der Figur fest zu verbinden und nach Möglichkeit das Kabel unsichtbar durch die Figur laufen zu lassen. In der hier gezeigten Lampe wurde das Problem dadurch gelöst, daß das Kabel durch den Laternenpfahl läuft und dessen verbreitertes Ende die Fassung aufnimmt.
Das Zubehör wie Lampenschirm, Fassung und Kabel erhalten wir in jedem Bastelladen. Den Schirm kann man mit Bast oder Hanf umwickeln oder mit Stoff bespannen.

Das Brennen

Wir haben unsere Arbeiten 14 Tage bis 3 Wochen im kühlen Raum trocknen lassen. Nach dieser Zeit ist das mechanisch gebundene Wasser im Ton verdunstet. Wer keinen eigenen Ofen besitzt, sucht jetzt nach einer Brennmöglichkeit in einer Schule, im Töpferstudio oder einer Ziegelei. Damit man aber wenigstens weiß, was mit den Sachen beim Brennen geschieht, ein paar kurze Erläuterungen über den ersten Brennvorgang, den sog. Schrühbrand.
Bei diesem Vorgang, der dem zerbrechlichen Figürchen seine Festigkeit gibt, wird ihm das chemisch gebundene Wasser entzogen. Das geschieht bei etwa 650°. Damit dies nicht zu schnell vor sich geht, wird der Ofen mit etwa 30% Heizleistung eingestellt und dann langsam auf 100% erhöht. Dafür haben die meisten elektrischen Öfen einen Regler, welcher dann auch bei Erreichen der Endtemperatur automatisch abstellt.
Unsere modellierten Figürchen brennen wir mit etwa 800 bis 1000°, je nachdem, ob wir später glasieren wollen oder ob wir es beim Naturzustand belassen.
Die Tonsorte spielt natürlich auch noch eine Rolle. Nach etwa 8 bis 10 Stunden ist die gewünschte Temperatur erreicht. Der Ofen braucht dann etwa die gleiche Zeit, bis er abgekühlt ist. Er darf erst geöffnet werden, wenn er mindestens 150° erreicht hat. Aber auch dann sind die Gegenstände noch zu heiß, um gleich aus dem Ofen genommen zu werden.
Die Spannung ist natürlich groß, wenn wir unsere Sachen aus dem Ofen holen. Wir dürfen nicht zu sehr enttäuscht sein, wenn das eine oder andere Stück Schaden gelitten hat, wenn ein angesetztes Teil abgesprungen ist, Risse auftraten oder kleinere Stückchen absplitterten. Wir wissen dann, daß wir das nächste Mal sorgfältiger arbeiten müssen. Die Ansatzstellen sind nicht genügend sauber geschlickert und angedrückt worden, die Wandstärken waren zu unterschiedlich oder wir hatten Lufteinschlüsse im Ton. Das darf aber niemand entmutigen, denn jeder muß diese Erfahrungen machen. Dafür freuen wir uns um so mehr über die gelungenen Sachen.

Die Oberflächengestaltung

Wenn der erste Brand geglückt ist, können wir uns immer noch entscheiden, ob wir glasieren wollen oder das Figürchen im Naturzustand belassen. Für unsere modellierten Gegenstände ist es ja zweitrangig, ob sie wasserdicht sind oder nicht. Wie bei den Abbildungen zu sehen ist, wirken – im Gegensatz zu den Gefäßen – gerade die figürlich modellierten Gegenstände und die Terrakotten ganz besonders in ihrer Naturfarbe.

Einfärben mit Wachs

Da der Ton, wenn er nach dem ersten Brand aus dem Ofen kommt, sehr stumpf wirkt, kann dieser mit Schuhwachs eingerieben werden. Verwendet man dazu farbloses Wachs, bekommt das Stück dadurch nur etwas Glanz, verwendet man farbiges Wachs, können verschiedene Partien betont werden und man kann damit sogar kräftig einfärben, was bei kleinen Tierchen nicht schlecht wirkt, wie das bei Schwan und Ente zu sehen ist. Zum Schluß bearbeitet man es mit einer weichen Bürste ganz vorsichtig, damit es noch etwas Glanz bekommt.

Anmalen mit Farben

Liebt man es aber bunt, kann man auch zu Pinsel und Farbe greifen und damit anmalen. Das sehen wir bei dem kleinen Fräulein mit Schüssel, das am Blumenfenster sitzt.

Das Glasieren

Haben wir die Möglichkeit und handelt es sich um Gefäße oder sehr großzügig gestaltete Figuren, dann hat auch das Glasieren seinen besonderen Reiz. Geben wir unsere Arbeiten weg, dann übernimmt das Studio das Glasieren. Ansonsten benötigen wir Glasurpulver, das auch bei den Tonlieferanten bzw. im Bastelladen gekauft werden kann. Dieses Pulver rühren wir mit Wasser an, bis ein geschmeidiger Brei entsteht, den man mit dem Pinsel auftragen oder durch Tauchen das Stück mit Glasur überziehen kann. Die Stellfläche darf aber keine Glasur abbekommen, damit das Stück nicht im Ofen anbackt. Außerdem stellt man jedes Stück auf kleine Tonfüße. Zwischen jedem Teil muß mindestens 0,5 cm Abstand sein. Beim Glasurbrand stellen wir den Ofen auf 1000 bis 1100° ein, wobei wir etwa mit 50% Heizleistung beginnen und erhöhen ebenfalls wieder langsam wie beim Schrühbrand.

Nach etwa einem Tag können wir den Ofen bei Zimmertemperatur öffnen und werden auch hier wieder Überraschungen erleben, weniger weil die Gegenstände kaputtgegangen sind, aber weil wir uns die Glasur vielleicht ganz anders vorgestellt haben. Aber wie überall, braucht es auch hier einige Erfahrung und deshalb ist es einfacher, wenn wir die Möglichkeit haben, das Glasieren von einem erfahrenen Fachmann machen zu lassen.

ISBN 3-7724-0527-4 · Best.-Nr. 787
Druck: Frech, Stuttgart